AF253699

# L'INDIVIDUALISME

## ET

# LE COMMUNISME

PAR LES CITOYENS

## LEFUEL, LAMENNAIS, DUVAL,

## LAMARTINE ET CABET.

BIBLIOTHÈQUE NATIONALE IMPRIMÉS — B. F.

*La Propriété, c'est le Vol.*
(PROUDHON)

Prix : 20 cent.

## PARIS

DESLOGES, éditeur, rue Saint-André-des-Arts, 39,

ET CHEZ TOUS LES LIBRAIRES.

AVRIL 1843.

# Chacun pour tous, tous pour chacun.

*Aimons-nous les uns les autres.*
(LES COMMUNISTES.)
*Égalité... fraternité, liberté.*
*Travail = richesse.*
*Unité.*

—

Le droit au travail est un droit social imprescriptible. Toute république qui ne sait assurer le travail et le bien-être à chaque citoyen est une république impuissante et anarchique.

———

Le principe électif doit être introduit partout où il est applicable.

———

Préparez-vous; car le Propriétarisme a beau se débattre, le Communisme est proche... son avénement est fatal.

———

Il n'y a pas de Liberté quand on manque de pain. Il n'y a pas Égalité, quand l'Opulence s'étale à côté de la Misère. Il n'y a pas Fraternité, quand l'Ouvrière se traîne avec ses enfants affamés aux portes des palais
Du travail et du pain.
L'existence du Peuple ne peut rester à la merci de la frayeur ou de la malveillance des Capitaux.
(LES CLUBS SOCIALISTES.)

———

Organisez, organisez, réorganisez.

———

# L'INDIVIDUALISME

## ET

# LE COMMUNISME.

---

### A TOUS.

Les temps sont venus!... La Fraternité va régner sur la terre... Tout tombe, tout s'écroule dans un cataclysme immense, universel; tout s'engloutit dans un nouveau déluge!... Mais l'arche sainte flotte à la surface, l'arche sainte qui renferme les trois dignes sœurs, régénératrices du monde, l'Égalité, la Fraternité, la Liberté, mères sacrées de la paix universelle, nourrices fécondes, aux mamelles puissantes où chacun vient porter ses lèvres avec amour, sources inépuisables où tous viennent se désaltérer sans premiers ni derniers, sans aucune distinction de castes, sans exclusion de couleurs ni de races!... Nous sommes égaux... égaux! l'entendez-vous bien, frères, amis, citoyens? oui, tous égaux... Il n'y aura plus de classes distinctives entre les hommes, ni vanités, ni rivalités d'individus à individus, ni proscriptions indignes, ni prolétaires, ni parias... Nous avons la République!... oui; mais la république n'est pas le dernier mot de l'humanité; elle n'est que la proclamation éclatante de ses droits imprescriptibles... Le Communisme en est le complément, la réalisation, l'exercice le plus pur et le plus complet.

Citoyens, permettez à un solitaire dont l'esprit contemplatif a médité longtemps dans son âme les mystères de son existence et de ses relations avec ses semblables, de vous communiquer ses pensées...

......Qu'est-ce que le Communisme, si ce n'est l'égalité réelle, et non fictive, la communion (le mot l'indique) dans l'unité, la tendance de tous vers un même but, le bonheur commun.—Que dit Jésus-Christ, dans son Évangile divin, Jésus-Christ !.. premier républicain de l'univers et premier martyr de la liberté et de l'égalité, figure calme et touchante, modèle d'abnégation de soi-même et d'amour pour les autres?... Que dit ce sublime égalitaire?

—« ...J'ouvrirai ma bouche pour instruire sous le voile des paraboles ; je manifesterai, par le bruit de ma voix, des choses qui étaient cachées depuis l'établissement du monde.

—...Il n'y aura qu'un troupeau et qu'un pasteur (unité)...

— Nous sommes tous les fils d'un même père (fraternité)...

— Les derniers seront les premiers et les premiers seront les derniers (égalité)...

—Aimez-vous les uns les autres !... — Toute vallée sera remplie, toute montagne et toute colline sera abaissée. — Quiconque s'élève sera abaissé et quiconque s'abaisse sera élevé. — ...*Je vous le dis, en vérité, il entrera plutôt un chameau par le trou d'une aiguille qu'un riche dans le royaume des cieux !* — Il y aura des signes dans le soleil, dans la lune et dans les étoiles, et sur la terre ; la consternation se répandra parmi les nations, lorsqu'elles entendront le bruit confus que fera la mer par l'agitation de ses flots ; et les hommes sécheront de frayeur dans l'attente des maux qui inondront tout l'univers ; car les vertus des cieux seront ébranlées. Et alors ils verront le fils de l'homme (la science, la vérité) qui viendra sur une nuée avec une grande puissance et une grande majesté. Mais lorsque ces choses commenceront à arriver, regardez en haut et levez la tête, parce que votre rédemption est proche... Considérez le figuier et même tous les autres arbres : lorsqu'ils commencent à pousser, vous reconnaissez que l'été est proche ; ainsi, lorsque vous verrez arriver ces choses, sachez que le royaume de Dieu (la Justice) est proche... Le ciel et la terre (les hommes et les institutions) passeront ; mais mes paroles (les principes) ne passeront pas... Veillez...— Qu'êtes-vous allé voir dans le désert? Un roseau agité du vent? Je vous le demande, qu'êtes-vous donc allé voir? Un homme vêtu d'une manière sensuelle? C'est dans les maisons des rois qu'on voit ceux qui sont vêtus de cette manière. Qu'êtes-vous donc allé voir? Un prophète? Oui, il l'est, je vous en assure, etc. ... — ...Laissez venir à moi les petits enfants!... — Que celui d'entre vous qui est sans péché lui jette la première pierre!... — Jérusalem, Jérusalem, qui tues les prophètes et qui lapides ceux qui te sont envoyés! combien de fois ai-je voulu rassembler les enfants comme une poule rassemble ses petits sous ses ailes, et tu ne l'as pas voulu! Le temps s'approche que vos maisons seront désertes et abandonnées...»

. . . . . . . . . . . . . . . . . . . . .

Ces magnifiques paroles ne semblent-elles pas écrites d'hier? Ne sont-elles pas de notre époque? Or, les maximes consolantes et humanitaires de l'Évangile peuvent-elles être invoquées comme faisant autorité en faveur de l'Égalité?.. La doctrine du Christ n'est donc pas seulement républicaine; elle est surtout communiste.

Poursuivons...

De l'Égalité naît instinctivement la Fraternité; et la Liberté succède au devoir accompli; elle vient après; elle est la conséquence naturelle des deux premiers termes. Apportez à la communauté le produit de votre chasse et de votre pêche, ou les épis que vous avez glanés sur votre route, et vous aurez place, comme tous, au banquet commun...

Chaque citoyen doit un minimum de travail quelconque à la République. Ce travail doit être combiné égalitairement et convenu entre tous. Il est calculé soit par heure, soit à la tâche, établie sur la moyenne de temps qu'elle exige.

Une fois la tâche de l'heure, du jour, de la semaine, du mois, de l'année même, accomplie, vous avez pleine et entière liberté de votre temps et de vos actes... Il faut tout prévoir et réserver à chacun la plus grande liberté individuelle possible. Or, si l'on multiplie la tâche d'une heure par un jour et par une semaine, on peut fort bien, par une troisième multiplication, trouver la somme de labeurs d'une année que chacun peut fournir dans sa profession respective, et, par cette pratique, laisser, autant que possible, à l'individu seul ou à plusieurs ensemble, l'initiative, la faculté d'exécuter leurs travaux à leur fantaisie...

Que le symbole de votre drapeau ne soit pas une fiction métaphysique. Ne faites pas mentir le fronton de vos édifices. Pratiquez l'égalité pour tous (chacun sa tâche, d'après une convention, un tarif unitaire), la démocratie et l'égalité réelle, comme vous en proclamez le principe partout... Organisez, fractionnez les masses, et faites-les vivre !

Le sol tremble ; le monde est plein de désirs et d'éléments divers : chacun cherche à tirer à soi... Chefs de file du genre humain ; attention ! évitez les précipices ; élevez haut le flambeau humanitaire qui doit éclairer et ranger tout le monde sous la loi de l'unité ; inspirez à tous la noblesse des sentiments républicains : égalité, unité ! Que chacun arrive à vous par l'attrait de la doctrine...

Mort Louis-Philippe ; mais non mort le Système... C'est le système qu'il faut détruire complètement ; le système indigne et infâme de l'exploitation de l'homme par l'homme, comme un vil bétail, comme des animaux d'écurie ; système de rapacité, d'avarice, d'égoïsme et d'antagonisme éternels... Si vous laissez subsister la propriété dans son acception absolue d'*usus et abusus*, vous laissez subsister la puissance d'absorption, par un ou quelques-uns, d'éléments de production et d'existence, d'instruments de travail ; qui doivent éternellement rester le privilège et la propriété de tous, sans aucune exception ; vous laissez subsister des germes d'inégalités, d'inimitiés, de guerres. Soyez radicalement radicaux ; arrachez jusqu'à la dernière racine.

Je dis et je répète que c'est le droit exclusif et antisocial, de propriété, d'appropriation personnelle, qui est la cause de tous les désordres, de toutes les misères ; et qu'on peut le modifier dans sa base, le rendre nul, sans froisser aucun intérêt, si ce n'est les méprisables mécomptes de la vanité.

Créez au plutôt de vastes ateliers nationaux, seul remède au mal, clef de voûte de l'édifice du progrès, sans craindre d'anéantir la petite exploitation, l'exploitation privée des pauvres par les riches, la plus hideuse, la plus arbitraire ; sans craindre de rencontrer des résistances aveugles, étroites et égoïstes. Le bien public est la loi suprême. Il a, pour se produire, le nombre, la force, la raison ! Attachez-vous, pour commencer, aux objets de première nécessité, à la science et à l'agriculture organisée : la tête et les bras. Ils sont dépendants l'un de l'autre; ils se valent : donc, organisation et répartition égalitaires... Ajoutez l'industrie : la mécanique, le bâtiment, l'habillement, l'équipement, etc. Donnez du travail à tous ceux qui vous en demanderont. C'est un droit social. La République l'a déclaré dans son programme : le droit fatal, le droit suprême, le droit au travail. Divisez-le à l'infini; créez des spécialités (comme cela se pratique, avec un succès remarquable, dans beaucoup de centres manufacturiers), pour le rendre d'une exécution plus rapide, plus parfaite, et afin que le premier venu puisse entrer dans telle ou telle compagnie industrielle. Groupez, par l'attrait du bien-être et la certitude du lendemain, ces légions inactives qui attendent votre signal... Point d'intérêt de castes : Tout pour tous. Indemnisez les citoyens que vous *expropriez pour cause d'utilité publique*, et payez les outils qu'on vous offre. Donnez du travail à tout le monde, sans exception; vous l'avez promis. Mais ne restez pas dans l'inaction par impuissance, et ne nous laissez pas mourir de faim. La richesse et la vie sont dans le travail; l'engourdissement, la misère et la mort sont dans l'inaction.

Si vous ne constituez pas immédiatement l'*égalité réelle*, vous aurez une anarchie, un chaos permanent. Toutes les cupidités s'éveillant, se heurtant, vous ne pourrez satisfaire personne. La lutte devient éternelle. Quoiqu'on fasse, il y aura toujours antagonisme, morgue et envie, entre celui qui possède et celui qui ne possède pas, celui qui possède davantage et celui qui possède moins.

Après le cri tumultueux des passions, la voix puissante et calme de la raison doit se faire entendre. Nous demandons le salut commun, la paix, la certitude. Et pour obtenir ces bienfaits civilisateurs, il ne nous faut ni maîtres ni ouvriers, ni exploiteurs ni exploités. Il nous faut une organisation démocratique égalitaire dans la production, ainsi qu'il suit : A chacun sa tâche, une tâche égale : le plus habile se retire le premier. Il y a donc une prime à l'émulation... le plus adroit, le plus intelligent trouve sa récompense en lui-même, dans la facilité qu'il met à l'exercice de ses fonctions. Chaque ambition a donc satisfaction, sans violer les lois fondamentales de l'Égalité...

Exemple : On demande, au quartier de la cordonnerie, 1,800,000 paires de souliers. Supposons 50,000 cordonniers dans les ateliers : cela fait 36 paires de souliers pour chaque ouvrier. Fixons la tâche à 1 paire par jour : c'est donc 36 jours de travail que chaque membre de l'atelier doit donner pour s'acquitter de sa fonction, de son devoir social. L'artisan adroit ou actif peut, en doublant sa tâche journalière obligatoire, gagner 18 jours qu'il dépense, à sa fantaisie, en toute liberté de conscience. Ainsi, nous atteignons un double but : satisfaction d'amour-propre et rémunération suffisante de la capacité, sans arbitraire, sans priver personne, sans nuire au bonheur commun. Maintenant, admettons que 6 compagnons se groupent pour se diviser leur besogne, au lieu d'exécuter entièrement, chacun, tout le travail nécessaire à la confection du soulier depuis A jusqu'à Z : l'un coupera le cuir; l'autre le montera sur les formes; les deux suivants feront la couture des semelles; le cinquième aura la spécialité des talons; enfin le dernier aplatira les coutures, polira le cuir et y mettra la dernière main. Il est facile de comprendre à quel degré d'habileté et de perfection ils arriveront par ce système. Que cette théorie soit mise en pratique dans toutes les professions où elle est applicable, et l'on peut préjuger du bénéfice immense dont profitera le corps social, et partant les individus.

C'est de vous, législateurs, élus du peuple, que dépend l'avenir du monde. Méditez bien vos décrets, et n'agissez qu'en vue de tous, en vue de la majorité. Car il n'est ni prudent ni équitable que le petit nombre puisse, en concentrant et détenant les richesses sociales, opprimer, affamer, à son gré, le grand nombre.

C'est tout l'un ou tout l'autre... Vous ne pouvez sortir de ce dilemme; vous êtes acculé à cet impasse : ou l'Individualisme, c'est-à-dire l'isolement, l'impuissance et l'an-

tagonisme; chacun chez soi, chacun pour soi et le despo-
tisme oligarchique; ou le Communisme, c'est-à-dire la
force; chacun pour tous, tous pour chacun; l'égalité et la
liberté universelles; et surtout, par une organisation ba-
sée, étudiée sur la gymnastique équilibrée de nos organes,
sur nos instincts, nos sentiments, nos penchants, nos aptitudes, non seulement toute latitude à l'émulation, géné-
rale (de la part de tous pour tous), pour se distinguer par
l'amour du bien, le goût de la perfection, inné chez
l'homme, inhérent à l'individu, rivalité par crainte de la
censure, par le plaisir de briller, mais encore, toute fran-
chise au stimulant énergique et égoïste qui pousse l'individu, dans un intérêt tout-à-fait personnel, à terminer promptement et avec art son minimum de tâche, son travail
obligatoire, indispensable, l'accomplissement de la fonction sociale égalitaire, dont chaque membre de la communauté humaine doit être investi (selon ses aptitudes), afin
d'être délivré plutôt de ses charges, de son devoir social.
Par les raisons qui précèdent, on le voit, l'excitation au travail et la tendance à la perfection ne sont pas compromises;
au contraire; et l'égoïsme, le plus impérieux, le plus vrai,
le plus constant des sentiments, n'est pas nié : mais ce mobile
humain est mieux dirigé; il est combiné en vue de la complète satisfaction de tous, sans aucune exception. Oui, le
Communisme, c'est l'Égoïsme organisé, le *moi* bien compris, la liberté et le bien-être commun...

Ainsi, l'Individualisme et toutes ses conséquences dissol-
vantes et anarchiques, ou le Communisme et ses déductions
logiques, ses résultats merveilleux : association égalitaire
des travailleurs, le génie et l'action, la théorie et la pratique, l'âme et le corps; décuplement des forces sociales;
extinction du *chômage*, cette plaie sociale, ce germe latent
de langueur, d'énervement et de misère. Le monstre béant
de l'opulence privée ne pouvant absorber et engloutir dans
ses flancs, malgré ses appétits gloutons et dépravés, qu'une
minime portion de la production commune, la classe la plus
pauvre et la plus nombreuse reste en souffrance, faute
d'une direction suprême et unitaire pour les conditions

essentielles de la richesse commune, faute d'une direction
du travail. Le travail seul, on le sait, fait la richesse des
nations et des individus; or, par le mode impitoyable de
l'exploitation privée, nous voulons parler de l'humiliante
exploitation de l'homme par l'homme, la production est
toujours accidentelle, égoïste, imprévoyante et locale,
partant inepte, insuffisante, excessive dans un lieu, presque
nulle dans un autre. Le corps social éprouve une perte,
un dommage considérable par ces fluctuations industrielles
et commerciales; et les individus en ressentent un double
malaise, et dans leur santé et dans leur bien-être, puisque la
moitié des travailleurs s'exténue dans des labeurs incessants,
tandis que l'autre moitié s'étiole dans une oisiveté éner-
vante. Que chacun se fasse juge!... Il n'y a pas de milieu :
nous sommes et nous devons être logiques.

Le Communisme, d'ailleurs, ne vient point crier :
« Guerre aux riches! » Au contraire, il vient dire : « Richesse
aux pauvres!... » Il n'abolit pas l'institution du mariage,
laissant l'espèce humaine exposée aux excès désordonnés
d'une promiscuité bestiale. Il n'abolit point la famille; il
ne vient point arracher l'enfant des bras de sa mère, sa
nourrice naturelle; car quelle autre qu'une mère pourrait
prodiguer à l'enfant les soins touchants que sa tendre fai-
blesse réclame? N'est-ce pas aux mères qu'appartient légi-
mement la fonction d'élever leurs petits anges, de guider
leurs premiers pas dans la vie? N'est-ce pas à elles qu'il
appartient de leur inspirer les premiers sentiments d'amour
de la patrie, d'amour du genre humain? N'est-ce pas elles
qui leur crieront, les premières, dans une commune
étreinte : « Vous êtes tous frères; vous êtes tous égaux! »
et à chacun, en particulier : « Ne fais pas à autrui ce que tu
ne voudrais pas qu'on te fît à toi-même! » Non, le Communisme n'est pas la négation du mariage et de la famille. Il
en est la constitution réelle et constante. Par la disparution
de la misère et l'assurance du lendemain, il maintient la
concorde entre les époux; il fait naître l'urbanité; il per-
pétue l'amour!.. Les mères, comme sous l'odieux régime
de l'individualisme, régime corrupteur des mœurs, pertur-

bateur de toute loi naturelle, les mères pourront donner le
sein à leurs petits, au lieu, comme aujourd'hui, pour la
plupart, d'être obligées de les abandonner à des nourrices
mercenaires, elles pourront se livrer entièrement aux doux
sentiments de la maternité, sans que leur joie soit mêlée
d'amertume, sans que la sollicitude constante dont elles
entourent leurs chères petites créatures soit troublée, sans
que le soleil de leurs rêves dorés soit obscurci par les ténèbres d'un avenir incertain. Nous voulons donc la famille ;
nous la voulons mieux que nos adversaires.

Le Communisme, c'est tout simplement une économie
sociale, mais une économie prodigieuse, incalculable, une
économie sociale et partant privée ; puisque tout ce que la
société égalitaire gagne, l'individu le gagne, le travail de
tous retournant à chacun. Le Communisme ne vient pas
s'imposer arbitrairement. Il ne vient pas procéder par la
violence à une doctrine toute de paix, d'amour et de fraternité... Il réprouve énergiquement toute tentative armée ;
il veut triompher, non point par la puissance des bayon-
nettes, mais par la puissance morale, par l'empire de la
conviction, par la supériorité de la vérité qui examine,
scrute, analyse, juge, discute et persuade, sur l'erreur, sur
le préjugé aveugle qui accepte, sans contrôle, tout fait accompli, corps sans ame qui accuse son impuissance par cette
formule inspirée du fatalisme des Orientaux : Cela a été ;
cela doit être... esquif sans boussole, battu par tous les
vents, destiné à s'abîmer dans un dernier naufrage. .

...Que veut le peuple ?... Du pain, du pain tout de suite,
c'est-à-dire du bien-être, et non point seulement des réformes politiques, qui n'amèneraient que des désordres,
des surcroîts de charges, des suspensions de travaux et des
luttes sanglantes. Il ne veut point changer de maîtres. Il ne
veut pas opprimer ; il ne veut pas l'être. Celui qui cherche
à opprimer est un traître ; celui qui se laisse opprimer est
un lâche. Ce que veut le peuple, c'est l'égalité, mais l'égalité réelle, l'égalité de labeurs et l'égalité de repos et de
délassements, l'égalité de production et l'égalité de consommation... L'égalité seule peut constituer l'indépendance

de l'homme et faire son bonheur. Sans égalité *de fait*, point de véritable liberté.

Le Communisme n'est pas d'hier. Il fonctionne même parmi nous ; et partout où il est mis en vigueur, il tient bien, il pivote, il tourne sur lui-même, il se maintient en équilibre ; il est admirable d'ordre, d'économie, de puissance, quoique imparfaitement pratiqué, quoique la liberté lui manque... Qu'est-ce autre, en effet, dans les colléges, dans les armées, et surtout dans les communautés religieuses, sauf l'organisation démocratique égalitaire, le travail attrayant et la liberté ?

Le Communisme est dans le cœur de bien des écrivains démocrates d'un talent supérieur ; ils n'ont pas encore prononcé le mot ; mais ils ont crié : « Fraternité !... » Nous les avons entendu ; nous avons su les comprendre... Honneur à eux ! honneur surtout au généreux citoyen qui plaide avec tant de courage, d'intelligence et d'impartialité, la cause intéressante de cette nombreuse classe de travailleurs déshérités qu'on appelle Prolétaires, et qui va doter le monde d'une innovation sociale, inspirée par le génie de l'humanité, sous le nom d'*Organisation du travail !* Honneur à lui, honneur, trois fois honneur !

...Qui invoque le Communisme ? Tous les peuples : Ici, l'Irlande, le plus pauvre, le plus misérable de tous !... Là, l'Italie, la Pologne, l'Allemagne, la Suisse ; et tous les hommes de couleur encore en esclavage ; ô honte de l'espèce !... enfin, le monde entier !...

...Il y a des partisans de l'aristocratie bourgeoise... Qu'est-ce que cela prouve ? Nous opposons autorités contre autorités : Jean-Jacques à Voltaire ; Robespierre à Vergniaud, Georges Sand à Lamennais, et au-dessus de tous, un homme dont le nom va bientôt retentir jusque dans les hameaux les plus reculés et ne sera prononcé qu'avec amour et respect par les populations reconnaissantes, un révélateur, un messie... supérieur au Christ ; car le Christ recevait ses inspirations du ciel, et le docteur Baudin tire ses déductions socialistes de la terre, de la terre dont nous sommes une des variétés innombrables ; une corrélation intime et directe, de la terre qui nous nourrit, dont nous sommes les émanations et dont nous aspirons les parfums... Mais ma plume est indigne de tracer son éloge; elle est insuffisante pour rendre les émotions dont nous sommes agités aux accents de sa noble parole, et les passions généreuses qu'elle soulève en nos cœurs... Allez, ouvrières, victimes dévouées, vous verrez comme il vous aime! et vous citoyens, allez, allez entendre ce physiologiste sublime, ce savant modeste et incomparable, à l'élocution facile, à l'éloquence douce et persuasive, écoutez-le; et si votre cœur ne bat pas avec le sien, si votre esprit ne communie avec le sien, eh bien, vous n'avez ni cœur, ni âme, ni entrailles... Mais il n'est aucun qui ne reçoive comme une manne bienfaisante, avec un religieux respect, avec une reconnaissance profonde, les paroles consolantes qui tombent de ses lèvres... Si vous voulez connaître le véritable socialisme, c'est au club de l'Avenir qu'il faut aller vous instruire, c'est son président, le citoyen Baudin, qu'il faut entendre... Nous invoquerons encore, à l'appui de nos principes, les esprits les plus lucides, les intelligences les plus lumineuses, les plus beaux génies de l'humanité : Campanella, Fénélon, Morelli, Helvétius, d'Holbach, Diderot, Babeuf, Buonarotti, et mille autres. Nous prenons acte aussi des éloquentes paroles prononcées par le citoyen Louis Blanc, dans la commission des délégués de l'industrie, siégeant au palais du Luxembourg, en faveur de la réorganisation du travail manuel par l'association égalitaire et démocratique des travailleurs, dirigés par l'État.

Pour démontrer la vérité de nos propositions, nous avons cent volumes des maîtres de la science... Le Communisme parle de lui-même. C'est non seulement le cœur qui l'inspire, mais la tête. Il trouve sa solution, sa raison d'être dans un examen réfléchi, impartial, Du mot seul s'en déduisent toutes les conséquences logiques. Nous savons que nos théories sociales sont ou seront peu comprises par bien des gens d'un esprit superficiel, qui préféreront les rejeter brutalement, comme fausses et irréalisables, que de se donner la peine de les examiner avec impartialité. A ces aveugles qui redoutent l'opération de la cataracte et l'éclat du jour, nous citerons les paroles d'un penseur qui passe pour être profond :

« Je sais que de pareils principes vont paraître *extravagants* à la plupart des lecteurs. C'est que la vérité doit paraître aussi extravagante aux préjugés que ceux-ci peuvent l'être pour la vérité. Tout est relatif. Que mes principes soient certains, que mes conséquences soient exactes, il me suffit... Dans presque tous les ordres de préjugés, si des écrivains n'avaient consenti à passer pour *fous*, le monde en serait aujourd'hui moins *sage...* » (Siéyes, *Qu'est-ce que le tiers-état?*).

Nous, hommes simples, puisant uniquement notre courage dans notre conviction, nous nous présentons devant vous, arbitres de la science, à visage découvert, et provoquons vos consciences. Le débat est engagé ; répondez, s'il vous plaît.

Mais ne venez point sophistiquer ni établir de confusion, en nous jetant à la face le fantôme de la *loi agraire*, renouvelée des Romains. Vous savez bien que ce n'est pas cela que nous voulons, que nous la repoussons de toutes nos forces, comme l'antipode de nos théories. Une proposition pour le partage des biens serait la plus inique, la plus indigne, la plus calamiteuse et la plus *bête* que l'on pourrait présenter. Tous les hommes de cœur, tous les bons citoyens en feraient promptement justice. Ces mots, partage des biens, n'en imposent plus à personne. C'est un épouvantail dont se servent le mensonge et la trahison, une torche incendiaire que les partisans de l'exploitation de l'homme par l'homme secouent et agitent au milieu des populations effrayées, pour calomnier le socialisme... Mais le bon sens des masses est au-dessus de l'esprit de parti ; et l'on sait ce que veulent les communistes... Les communistes veulent la liberté, la liberté d'association des travailleurs entre eux, avec l'initiative, la protection, la haute direction du gouvernement dans les transactions industrielles et commerciales, dans les échanges. Ils veulent l'égalité, l'égalité organisée ; car elle est la garantie de la liberté. Il ne peut y avoir de liberté durable pour tous sans égalité réelle, l'égalité de tous les jours.

L'avenir appartient donc au Communisme. Insensé qui résiste!... il sera entraîné dans le torrent social comme l'avalanche entraîne le faible arbrisseau qui s'oppose à la rapidité de sa course; mais, bientôt, porté par la vague révolutionnaire, il abordera au port de salut avec l'enthousiasme de la reconnaissance.

Conclusion :

PROGRAMME DES COMMUNISTES ÉGALITAIRES.

1° Souveraineté du peuple. 2° Assemblée nationale. 3° Déclaration de la République. 4° Tendance au Communisme, comme complément logique du principe républicain, comme garantie de la conservation de la paix publique en favorisant l'inégalité décroissante et l'égalité croissante. 5° Modes de transition : — Budget affecté à la fondation d'ateliers nationaux. — Ateliers nationaux attrayants: par l'association égalitaire des travailleurs combinée démocratiquement; les tarifs basés sur la moyenne du temps, un minimum de tâche; l'économie, par la cuisine unitaire et les repas communs; l'assurance du lendemain; le droit à l'hôtel des invalides civils; le droit à la retraite dans le palais de la vieillesse; le travail imposé devenant attrayant, n'étant plus ni long, ni pénible. — Des comités ou ateliers scientifiques, de progrès, de génie pour les inventions et les perfectionnements sociaux : chacun fournit un nombre d'heures convenu de travail ou une tâche convenue, tarifée égalitairement. — La liberté.— L'inviolabilité du domicile. — Mariage. — Divorce, pour consacrer le principe de liberté. — Respect de la famille. — Éducation économique, professionnelle, unitaire et commune, offerte aux parents par l'État. — Les médecins subventionnés par l'État. — Abolition de l'héritage. — Nos mères, nos épouses, nos filles jouissant, comme nous, des mêmes droits égalitaires, remplissant les mêmes devoirs égalitaires, selon la faculté de leurs organes. — Le devoir rendu attrayant. — Fêtes publiques. — Attraction, tendance constante vers l'Unité.

E. LEFUEL, *ancien Détenu politique.*

# LE COMMUNISME ET LE CITOYEN F. LAMENNAIS.

Le Communisme ne date pas d'hier, assurément ; mais
ce n'est que depuis quelques années seulement que les
hommes sérieux, que les travailleurs surtout ont examiné
cette question sous son vrai point de vue. Aujourd'hui
l'Espagne, l'Italie, l'Allemagne surtout, la Russie même,
se couvrent de Communistes, qui comprennent enfin que le
vrai bonheur de l'homme n'est pas dans telle ou telle
forme politique du gouvernement, mais dans l'organisation sociale, qui peut donner complète satisfaction aux
trois grands principes de liberté, égalité, fraternité, for-
mulés et arrosés de sang depuis dix-huit siècles. Liberté
pleine et entière pour le bien ; égalité absolue, sociale et
politique, de droits et de devoirs ; fraternité pure et sainte,
non pas cette fraternité éphémère qu'un atôme du plus vil
métal, qu'un grain d'orge, qu'une goutte de rosée peuvent, dans l'état social actuel, changer d'un instant à
l'autre en haines, vengeances, meurtres, assassinats, etc. ;
mais cette fraternité sacrée et inaltérable, ipnée dans le
cœur de l'homme, qui n'a pu en être chassée que par l'intérêt égoïste de l'appropriation personnelle, et qui y re-
viendra aussi belle et aussi puissante que jamais, dès que
cet intérêt aura disparu. En France, il n'y a qu'à regarder
ce qui se passe autour de nous, il n'y a qu'à étudier les
terreurs des scribes et des pharisiens, pour juger des progrès que cette doctrine fait dans le peuple. L'armée, l'armée entière, cette réunion d'infortunés parias entretenus
à grands frais pour apprendre à souffrir et à faire souffrir
leurs frères, l'armée, ce levier si formidable entre les
mains de ceux qui savent s'en servir pour opprimer les
nations, commence à comprendre enfin que la noble des-
tinée de l'homme, que sa mission sur la terre n'est pas
d'exterminer des hommes, d'incendier, de renverser des
villes ; que déchirer le sein de la mère-patrie ou porter
chez les peuples voisins le meurtre, le pillage et la déso-

lation, n'est pas un devoir saint et sacré : elle voit enfin que, partie intégrante de l'humanité, elle ne doit point en être distraite pour vivre en haine ouverte et déclarée contre les autres hommes, sans famille, sans amis, sans indépendance, sans tranquillité, sans avenir, n'ayant d'honneur que dans le sang humain, de joie que dans les larmes de ses semblables, de jouissances que dans les terribles désordres de la guerre... l'armée entière est, ou devient chaque jour, Communiste. L'ouvrier qui travaille, sue, souffre, et ne reçoit en échange de son travail que privations et persécutions, est Communiste; l'agriculteur lui-même, dans ses campagnes reculées, ouvre son cœur à la vérité, et tout le midi de la France ne tardera pas à se proclamer Communiste. Il n'y a plus que quelques scribes et pharisiens endurcis qui, croyant avoir intérêt à maintenir ce qui est, machinent pour arrêter la marche de la vérité, pour obscurcir les rayons du soleil; mais la vérité se répandra malgré eux parmi les hommes, et le soleil, se jouant de leurs vains efforts, inondera le monde de sa lumière et les éblouira eux-mêmes de son irrésistible clarté. Cependant, tandis que la pensée humaine travaille, que l'intelligence du peuple se remue et se féconde, des hommes, qui veulent se faire croire les apôtres de la vérité, viennent, avec une autorité que tout le monde leur conteste, porter un arrêt contre cette même vérité, et dire d'un ton solennel à l'humanité qu'elle se trompe... Si l'humanité se trompe, prouvez-le-lui, et nous nous joindrons à vous, car que sert de dire avec emphase : Soleil, tu n'es pas lumineux ?... Mais si l'humanité marche dans la voie qui doit la conduire à la vérité, de qui vous vient l'outrecuidante mission que vous vous arrogez... Les injures et les accusations dépourvues de preuves ne sont ni la vérité ni la raison; la vérité est assez puissante par elle-même; si elle est de votre côté, prouvez-le sans accuser à tort et à travers, répondez sans injures : le public jugera... M. F. Lamennais s'est joint aux détracteurs du Communisme et les a dépassés. La lettre que l'on va lire, qu'un journal a provoquée et publiée dernièrement, donnera la portée des efforts que l'on fait de toutes parts pour soutenir le privilége croulant sur ses bases vermoulues. La réponse que fait à cette lettre un modeste artisan saura faire apprécier de quel côté sont la vérité, la justice et la raison.

### Le citoyen F. LAMENNAIS au National.

« Citoyen rédacteur,

« Vous voulez que je vous dise ce que je pense des systèmes socialistes qui ont cours de notre temps. Comme vous n'entendez pas que j'entame une discussion qui dépasserait de beaucoup les bornes d'une lettre, que vous me demandez simplement mon avis personnel, en peu de mots, il me sera facile de vous satisfaire.

« Je ne vois guère dans les doctrines qui se sont produites jusqu'à ce jour qu'un symptôme du besoin profond qu'éprouve la société d'une meilleure application de la justice à la rétribution du travail, afin d'améliorer la condition, partout maintenant si déplorable, des travailleurs. Par ce côté, on ne peut qu'applaudir aux tentatives faites pour atteindre ce but; mais il s'en faut bien, selon moi, qu'il en soit ainsi des moyens proposés par les différentes écoles.

« Je n'en connais pas une seule qui, plus ou moins indirectement, n'arrive à cette conclusion, que l'appropriation personnelle est la cause du mal auquel on cherche à remédier; qu'en conséquence, la propriété doit cesser d'être individuelle, qu'elle doit être concentrée exclusivement dans les mains de l'État, qui, possesseur unique des instruments de travail, organisera le travail même en attribuant à chacun la fonction spéciale et rigoureusement obligatoire pour lui à laquelle on l'aura jugé propre, et distribuera, selon certaines règles, sur lesquelles on diffère d'ailleurs, le fruit du labeur commun.

« Il m'est évident que la réalisation d'un pareil système conduirait les peuples à une servitude telle que le monde n'en a point encore vu, réduirait l'homme à n'être qu'une pure machine, un pur outil, l'abaisserait au-dessous du nègre, dont le planteur dispose à son gré, au-dessous de l'animal. Je ne crois pas que jamais idées plus désastreusement fausses, plus extravagantes et plus dégradantes soient entrées dans l'esprit humain; et ne méritassent-elles pas ces qualifications, qui, à mes yeux du moins, ne sont que justes, il n'y en aurait point encore de plus radicalement impraticables...

« Le Fouriérisme et quelques sectes issues de l'école Saint-Simonienne, non moins absurdes, à mon avis, dans leurs principes économiques, se caractérisent, en outre, par la négation plus ou moins absolue de toute morale. Je n'ai rien à dire de celles-ci. La conscience publique les a déjà jugées.

« Vous m'avez demandé, mon sentiment, le voilà; recevez en même temps l'assurance de mon dévouement le plus affectueux.

« Signé : F. LAMENNAIS. »

—

### Un Communiste au citoyen F. LAMENNAIS.

**Citoyen,**

Si un de ces hommes dont toute la mission sur la terre semble être de calomnier et de tourner en dérision les idées les plus généreuses, les plus nobles sentiments, les plus vertueuses convictions, tout ce qui peut surgir de beau, de bien, de saint dans l'humanité, eût écrit la lettre que j'ai lue dans *le National,* aucun homme de bien ne s'en serait ému, et moi-même n'eusse pas rompu le silence que j'ai toujours su garder sagement; mais quand au bas d'une semblable lettre on voit figurer un nom que l'humanité souffrante et opprimée se complaît à admirer comme celui d'un de ses plus éloquents défenseurs, qui pourrait rester de sang-froid, ne pas se sentir ému... Pour moi, c'est les larmes aux yeux et le cœur gros de soupirs que je suspends, modeste artisan, mon pénible et dur labeur, pour élever la voix et en appeler à votre cœur de l'arrêt que votre plume vient de porter si impitoyablement contre *les ennemis de l'appropriation person-nelle*, contre les apôtres de la centralisation de la pro-priété dans les mains de l'État... Que sommes nous donc, animaux orgueilleux, qui nous vantons d'être les rois de la nature, s'il faut encore, après dix-huit cents ans, re-commencer des démonstrations et des prédications qui firent périr le Christ par l'infâme supplice de la croix? S'il faut encore, avec d'obscurs artisans, remuer le monde et changer la face des empires, et voir contre la vérité, la justice et la raison, non-seulement les scribes et les phari-siens des temps modernes, mais encore ceux qui se disent et sont appelés à être les apôtres de la vérité, de la justice et de la raison !...

De quelque part que vienne l'erreur, quelque saints et vénérés que soient les hommes qui, trompés sans doute eux-mêmes, chercheront à tromper leurs semblables, des hommes se lèveront qui, suppléant au talent et à l'élo-quence par la conviction, combattront l'erreur, et, tout en respectant l'homme, en appelleront à son cœur des mensonges de son esprit et le forceront, peut-être, de rendre hommage à la vérité, à la justice et à la raison,

Mais que voulez-vous donc, citoyen, vous qui luttez, qui souffrez, qui mourez à la tâche depuis si longtemps ?... Une vaine gloire, une vaine renommée, qui ne vaut pas pour l'homme de bien une seconde de l'approbation de sa conscience, vous aurait-elle fait supporter tout ce que vous avez souffert ? vous aurait-elle fait chérir la persécution, la prison, les douleurs et toutes les tortures des martyrs ?... Oh! l'humanité a besoin de croire autre chose, et votre lettre ne lui ôtera pas l'estime qu'elle vous a vouée... Vous vous êtes donc trompé!... Je le crois... Tous les gens de bien le croiront... Peut-être, laborieux athlète, n'avez-vous pas eu le temps, noyé dans tant d'occupations diver-ses, de bien étudier nos doctrines, d'en bien apprécier les conséquences !... Eh bien! souffrez qu'un pauvre artisan, qu'un obscur travailleur, qui écrit ceci pour son coup d'essai, vienne vous faire part de ces doctrines que vous traitez de *désastreusement fausses* et de on ne peut plus *extravagantes...* La sincérité de ma conviction suppléera, je l'espère, à la maladresse de ma plume; et si vous avez des objections à faire, eh bien! abaissez-vous jusqu'à moi, et, tout ignorant et maladroit que je suis, je me fais fort de les détruire toutes une à une... La vérité n'est pas brillante et belle, mais elle est puissante et rude... elle marche sans fard et sans ornements; mais tous les détours du mensonge et de la ruse ne sauraient la faire trouver en défaut, la faire dévier du droit chemin.

Que cherchent donc ces hommes qui se disent démocrates, républicains et autres? Est-ce une réforme parlementaire, une réforme électorale, la loi agraire, la retraite sur le Mont-Aventin, un changement de gouvernement? Voulez-vous un président à la place d'un roi?... une convention nationale à la place d'une chambre des députés?... quelques journalistes aux emplois publics au lieu de quelques banquiers et épiciers en gros?... Mais à quoi nous serviront, à nous, hommes du peuple, du travail et de la production, tous ces superbes changements?... En aurons-nous une once de pain de plus ou une minute de fatigue et de tracas de moins?... Assurément non. Y aurait-il un crime, un vice, un désordre de moins dans la société? Cela abolirait-il la distinction des castes (possesseurs et non possesseurs), l'inégalité parmi les hommes?... Cela rendrait-il les prisons, la guillotine, les geôliers, les bourreaux et les mauvais juges inutiles?... Non, mille fois non!... Avec ce que cherchent certains hommes, nous aurons quelques noms de changés dans le nombre de ceux qui nous exploitent, et voilà tout; le mal, les crimes, les désordres, le vol, le pillage, l'incendie, tous ces ulcères immondes de misère, d'avilissement, d'esclavage qui rongent l'humanité, tout ce qui est mal continuera à être mal, et rien ne sera changé dans notre sort, que le droit peut-être de dire quelques paroles de plus, à moins encore que le salut de l'État ne demande le contraire... Serait-ce là votre utopie, à vous que la nature a doué de si nobles instincts, de si nobles sentiments?...

Je passe une partie de votre lettre; j'entre en matière et je me demande :

D'où vient le vol?... Évidemment de l'appropriation personnelle. S'il n'y avait rien à voler, y aurait-il vol?... Assurément non... On vole pour avoir; on ment, on trompe, on assassine, on pille, on incendie, on renverse, on conspire, on cherche le désordre, on commet tous les crimes pour avoir ou détruire la propriété de ceux qui ont... Est-il quelqu'un, dans quelque coin du monde, qui puisse me démontrer qu'il y a quelque part un crime, un vice, un désordre quelconque qui ne découle de l'appropriation personnelle?... qui n'ait là son point de départ?... Vous-même, citoyen, cherchez, évertuez-vous, et si, après mûre réflexion, il vous reste la moindre objection à faire, faites-la, je suis prêt à y répondre d'une manière péremptoire...

Haines, vengeances, jalousies, meurtres, incendies, adultères, etc., tout ce qui est mal prend sa source dans l'appropriation personnelle et non ailleurs... L'appropriation personnelle est donc la source et la cause unique, évidente, palpable, irrécusable, de tous les vices, de tous les crimes, de tous les désordres des sociétés, de toutes les mauvaises passions, de tous les instincts dépravés de l'homme, de toutes ses misères, de sa dépravation et de presque toutes ses maladies et infirmités...

Eh bien! ôtez cette source de tout mal, la cause n'existant plus, les effets disparaîtront comme par enchantement... Ôtez le soleil, plus de lumière... Ôtez l'appropriation personnelle, plus de vol, de meurtre, d'assassinat, d'adultère, d'incendie, etc... L'homme, rendu à la raison, à ses nobles instincts, à son naturel, qui le place si avant au sommet de l'échelle animale, à cette haute intelligence qui le fait bien réellement le roi de la nature, ne fonctionnera plus que pour son bonheur, et, partant, pour le bonheur de ses semblables... De ce fonctionnement inévitable, bonheur individuel; et comme conséquence fatale, bonheur général.

Je m'explique :

Concentrez exclusivement, comme le dit le résumé de votre lettre, toute propriété entre les mains de l'État; qu'il soit seul et unique propriétaire... or, argent, bijoux, maisons, châteaux, palais, champs, prés, bois, vignes et forêts, fontaines, ruisseaux, fleuves, travail et productions de tout et de tous, que tout lui appartienne et qu'il dispose de tout à son gré : comme l'État c'est vous, c'est moi, c'est nous, que chaque individu est une portion de l'État, chacun se trouvera, par le fait, riche des richesses de l'État, propriétaire de ses propriétés, intéressé à les défendre, à les multiplier, à les augmenter par tous les moyens justes et loyaux à sa disposition...

Dans l'État, chacun sera donc fonctionnaire public, ayant une mission sainte et sacrée à remplir, celle de produire, de produire le plus, pour avoir en échange de sa production le plus de jouissances possible; car moyennant tel ou tel fonctionnement, librement choisi par le citoyen et justement réparti et réglé par l'État, chaque fonctionnaire aura droit, pour sa quote part et sans aucune réserve, à la jouissance de toutes les richesses et productions de l'État.

De là, intérêt de l'État à diriger chaque individu vers le fonctionnement pour lequel il aura le plus d'aptitude et de penchant; de là, intérêt de chaque individu à fonctionner le plus productivement possible pour augmenter la masse des richesses de l'État, et, partant ses propres jouissances, en même temps que les jouissances de ses frères, concourant comme lui au même but par de semblables efforts...

Je lis et relis votre lettre; je désirerais avoir mal lu, avoir mal compris, et malgré moi je vois que vous parlez de nègres, de commandeurs; vous parlez d'*hommes dégradés, ravalés au-dessous des animaux* et d'"*une servitude telle que le monde n'en a point encore vu*; et je me demande : est-ce bien le citoyen Lamennais qui a écrit ces lignes? je voudrais en douter, mais ne le puis, vous avez signé votre lettre. Eh bien ! je cherche cette servitude incroyable, ces nègres et ces commandeurs dans l'état social dont je parle, je vous prie de me les trouver, je vous conjure de me dire où peuvent se rencontrer ces hommes dégradés et ravalés au-dessous des animaux?...

Que peut, que doit désirer l'homme sur la terre? Est-ce l'assouvissement de ses mauvaises passions? le développement illimité de ses mauvais instincts? la liberté pour le mal et uniquement pour le mal?... Si c'est là votre opinion, que là seulement il y ait absence de cette servitude comme le monde n'en a point encore vue, nous n'avons pas besoin de chercher plus loin... Diogène, brise ta lanterne; l'homme que tu cherches est tout trouvé; il fourmille dans l'état actuel... Il n'y a que cela depuis le haut jusqu'au bas de l'échelle sociale... Ce que nous cherchons, c'est l'homme libre, entièrement libre dans le développement de ses nobles instincts, libre et tout-puissant pour le bien, impuissant pour le mal, impuissant à développer ses mauvais instincts... Si c'est là dégrader l'homme, le rabaisser au-dessous de la brute, si cet homme soumis à la loi toute-puissante de la justice, de la vérité, de la raison, est le nègre, et si la loi, la justice, la vérité et la raison sont les commandeurs dont vous voulez parler dans votre lettre, je brise ma plume et jette ma langue aux chiens, je n'ai plus rien à faire dans ce monde, où les hommes vertueux sont si loin de penser ce que je pense...

Dans l'organisation sociale que nous prêchons, l'État dira au citoyen: Je t'assure une nourriture succulente, abondante, capable de satisfaire les goûts les plus difficiles et les plus exigeants; tes habits seront aussi beaux, aussi recherchés, aussi bien faits qu'il soit possible aux hommes les plus difficiles de les désirer; tu auras des habitations de prince, du linge fin, la satisfaction matérielle, non-seulement de tous les besoins, mais encore de tous les désirs. Et pour le côté moral et intellectuel, jamais les peines, les soucis, les tracas ne pénétreront jusqu'à toi; ton intelligence, toutes les nobles facultés pourront prendre l'essor le plus étendu; rien de ce qui sera beau, bon et bien ne sera comprimé en toi; l'amour, la paternité, les doux épanchements de la famille, tout ce qui peut charmer l'existence humaine te sera donné pleinement, sans trouble et sans aucun mauvais mélange; tu pourras t'abandonner aux ravissantes caresses de la compagne, de la compagne que tu auras choisie et qui t'aura choisie librement, et cet abandon ne sera jamais troublé ni par la

crainte du moment; ni par les terreurs de l'avenir; toujours dans l'abondance de toutes choses, sans craindre que
cette abondance souffre la moindre interruption, ton in-
térieur sera le paradis le plus délicieux et le plus pur ... Tu
n'auras rien à redouter pour l'entretien, l'éducation et
l'avenir de tes enfants, car l'État aura pour les élever, leur
mère d'abord, puis des éducateurs et instituteurs publics,
dressés avec soin pour ces fonctions importantes; tu les
verras grandir, se développer sous tes yeux, tendre avec
ardeur, sous la direction d'excellents maîtres, à devenir de
puissants producteurs pour la société, des intelligences
élevées et utiles pour l'humanité... Tout sera pour toi
bonheur, satisfaction, jouissances du corps, de l'esprit et
du cœur; rien ne te manquera; et, en revanche, l'État,
c'est-à-dire tes frères, ne demanderont de toi que l'accomplissement d'une fonction facile à remplir, que tu auras
toi-même choisie; qui ne sera jamais au-dessus de tes forces, et que tu pourras considérer plutôt comme un délas-
sement que comme un travail. Car que deviendrait l'homme, s'il ne travaillait pas, s'il n'avait pas quelque occupation sur la terre?...

Ce tableau éblouissant du bonheur de l'homme dans l'é-
tat social que prêchent nos doctrines vous paraîtrait exa-
géré peut-être, si vous n'étiez doué d'une intelligence aussi
vaste que votre cœur est bon; mais une seconde de réflexion suffira pour vous démontrer qu'il est encore au-
dessous de la vérité, et la chose est bien facile à comprendre.

Dans l'état social actuel, sur trente-cinq millions d'ha-
bitants, il y a dix millions de mendiants ou gens sans
aveu, qui ne produisent rien, et au moins dix millions de
citoyens improductifs, soldats, avocats, avoués, notaires,
juges, huissiers, clercs, commis, marchands, geôliers, em-
ployés dans une multitude d'administrations de toute
sorte, métiers inutiles, oisifs faute de travail, oisifs riches,
ne sachant qu'absorber sans rien produire, etc., etc. C'est
tout au plus s'il y a cinq à six millions de véritables producteurs, laboureurs, artisans, savants utiles, etc.; et ce-

pendant ces cinq millions de producteurs, manquant le plus souvent des moyens les plus indispensables pour la production, suffisent à tout, nourrissent et entretiennent de toutes choses, bien ou mal, toute la nation, et il y a une vingtaine de mille individus pharisiens privilégiés qui absorbent à eux seuls presque autant, sinon, plus, que les trente millions de citoyens les plus pauvres de l'État... Que sera-ce donc quand chacun n'absorbera que ce qui lui sera nécessaire, et que tout le monde produira?...

Un jour, peut-être, l'homme ainsi organisé, ayant en main tout ce qui peut concourir au progrès de l'agriculture, des sciences, des arts et des mécaniques, parvenant, par le développement de son intelligence, à maîtriser les éléments, au point de faire faire par l'eau, la vapeur, l'air, l'électricité, le galvanisme et les mécanismes divers, la plus grande partie du travail nécessaire à la subsistance et à la perfectibilité de l'existence humaine, devenu le véritable roi de la nature, n'aura plus guère, pour tout fonctionnement, qu'une agréable occupation de quelques heures, qui suffira, et bien au-delà, à produire pour tous une somme de jouissances telle, que l'imagination la plus exagérée s'arrête en extase devant cette perspective, comme devant une oasis féerique de la possibilité de laquelle on est tenté de douter, et ce n'est cependant qu'une vérité bien simple, bien naturelle, bien évidente et bien au-dessous de la véritable réalité à laquelle, au bout de bien peu d'années, l'humanité peut atteindre.

Vous parlez de servitude, citoyen, de servitude telle que le monde n'en a point encore vu, et je ne vois pas, je ne crois pas qu'un homme sensé puisse jamais apercevoir, dans nos doctrines, la place d'un pareil mot... Tous les hommes étant frères, absolument et entièrement égaux, je ne vois nulle part de commandeurs ni d'esclaves, pas même de maîtres ni de supérieurs, ni de sujets, à moins que les réglements que l'on fera ne soient les commandeurs, et ceux qui les auront faits, et qui s'y soumettront, tant qu'ils les jugeront nécessaires, ne soient les nègres ravalés au-dessous des animaux dont parle votre lettre...

Si ces idées n'étaient pas extravagantes, dites-vous, elles seraient radicalement impraticables : cette dernière assertion n'est pas plus raisonnable que les autres contenues plus haut dans votre lettre.

Organiser trente-cinq millions d'individus de manière à ce que trente millions au moins n'aient pas le strict nécessaire, soient mal logés, mal nourris, mal vêtus, mal blanchis, manquent de presque tout ; que le plus grand nombre travaille, sue, souffre, sans que travail, peines et souffrances aient pour eux d'autres résultats que souffrances nouvelles et privations ; organiser un état de manière à ce qu'aucun individu ne soit heureux, que tous souffrent plus ou moins, qu'une moitié soit en guerre ouverte contre l'autre, que le sang coule tous les jours, que les prisons couvrent le sol et regorgent de voleurs, d'assassins, de bandits, d'hommes politiques, etc., etc. ; qu'au milieu de cette perversité, de tous ces crimes, de tous ces vices, de tous ces désordres, quelques milliers d'individus, fuyant les dangers, garantis de tout mal par la foule des malheureux qui combattent et souffrent pour eux sans relâche, se voient dans une surabondance de toutes choses, telle que leurs mauvais instincts, leurs passions dépravées, leurs désirs désordonnés en soient rendus insatiables, et que, dans cette perversité de leur position, ils ne goûtent aucun bonheur réel, ne jouissent d'aucune tranquillité vraie, qu'il n'y ait pour eux ni pour personne aucune joie véritable, et que, cependant, une semblable société marche dans un pareil bourbier, maudissant l'existence, paraîtrait une utopie aussi extravagante qu'irréalisable, si tout cela n'existait pas ; mais oser traiter d'impraticable l'offre aussi simple que naturelle d'un bonheur réel fait à l'homme, l'application de la vérité, de la justice et de la raison, c'est non-seulement insulter l'humanité, mais encore avancer que le soleil n'est pas lumineux...

Il n'est pas plus difficile d'opérer l'application de nos doctrines, d'organiser l'état social tel que je le comprends, qu'il n'est difficile de vous prouver qu'il est impossible d'imaginer des nègres et des commandeurs dans un pareil état social...

Cette réponse, comme vous le voyez, citoyen, dépasse déjà de beaucoup les limites que je m'étais tracées, je m'arrête donc, ne voulant pas abuser de votre temps; je vous prie seulement de me poser des objections, si vous désirez sincèrement que la vérité soit connue : oubliez un moment la place que vos vertus, les persécutions que vous avez endurées, et l'admiration des peuples pour vos écrits vous ont faite dans le présent, et plus encore dans l'avenir; descendez jusqu'au simple artisan, daignez l'interroger, lui faire des objections, et, dans son ignorance et sa simplicité, il se croit assez puissant, avec la vérité dans le cœur et sur la langue, pour convaincre les hommes les plus éloquents, les plus intelligents et les plus incrédules, pourvu qu'ils soient de bonne foi...

Quant au fouriérisme et aux différentes sectes issues de l'école saint-simonienne, que vous dites se caractériser par la négation plus ou moins absolue de toute morale, comme vous, je les abandonne à la conscience publique.

J'ai l'honneur d'être, citoyen, un de vos plus sincères admirateurs,

**DUVAL**, *ouvrier.*

---

# LAMARTINE A CABET.

Citoyen et ancien collègue,

J'ai reçu la lettre que vous me faites l'honneur de m'adresser. Le temps me manque pour y répondre aussi explicitement que la gravité du sujet le comporte. J'aurai occasion de le faire bientôt. Je me borne à répondre sommairement aujourd'hui aux deux questions que vous me posez.

Mon opinion sur le Communisme se résume en un sentiment, et le voici : c'est que si Dieu me donnait une société de sauvages à civiliser et à moraliser, la première institution que je leur donnerais serait celle de la propriété;

Mon opinion sur les persécutions dont vous vous plaignez est écrite dans toute ma vie et dans toutes mes rôles :

« Laissez les opinions libres et n'opposez aux aberrations
« des théories que la législation et la répression du bon
« sens. » Je ne vous ai combattu que par des raisons, et
si j'avais la force matérielle en main, je la déposerais pour
laisser combattre à ma place la nature et les instincts de
l'homme, qui ont institué, dans tous les temps et dans tous
les lieux, ces trois bases de l'ordre social : l'État, la Famille et la Propriété. L'appropriation des éléments est, selon moi, une loi de la nature et une des conditions de la
vie. L'homme s'approprie l'air en respirant, l'espace en
marchant, le sol en le cultivant, le temps lui-même en s'y
perpétuant par ses enfants. La propriété c'est l'organisation du principe de vie dans le monde ; le Communisme
serait la cessation du travail et la mort de l'humanité. *Votre rêve est trop beau pour la terre.* Même en passant la
mer, vous retrouveriez des conditions humaines. Restez
donc là où vous êtes et bornez-vous à réaliser le plus possible les institutions vraies et pratiques de la fraternité,
qui n'est pas seulement le rêve de votre esprit mais la
vertu de votre cœur.

Recevez, citoyen et ancien collègue, l'expression de ma
haute et cordiale considération,

LAMARTINE.

---

# CABET A LAMARTINE.

Nous attendions une réponse de la loyauté du citoyen
Lamartine, et nous le félicitons de n'avoir pas imité le
superbe dédain de ceux qui, après avoir eu le tort de nous
attaquer, ont eu le second tort de ne pas répondre à nos
interpellations.

Nous prenons acte de ce que le citoyen Lamartine ré-
pondant à notre question, déclare qu'il désapprouve la
persécution contre toute doctrine ; par conséquent, contre
la doctrine Icarienne.

Mais nous regrettons qu'il n'ait pas répondu formelle-
ment à notre question, et qu'il n'ait pas déclaré, en termes
exprès, qu'il ne confond pas le Communisme Icarien avec
le Communisme Révolutionnaire.

Quant à son *sentiment* ou à son opinion sur le Communisme en général, ou plutôt sur la *propriété*, elle nous paraît n'être qu'une opinion sans démonstration, qui n'ébranle pas le moindrement notre opinion contraire.

Si le citoyen Lamartine avait des sauvages à civiliser et à moraliser, il leur donnerait d'abord l'institution de la propriété: mais nous ne sommes pas des *sauvages*, et nous ne voyons pas que la propriété nous ait beaucoup *moralisés*; ne peut-on pas nous laisser essayer si la Communauté ne nous moralisera pas davantage?

On invoque la nature et les instincts de l'homme en faveur de la propriété... Mais ces instincts sont les mêmes pour tous les hommes: par conséquent, il faut que tous soient propriétaires; et la Communauté seule satisfait leurs instincts en donnant à tous une propriété collective.

On cite l'appropriation des *éléments*... On dit que chacun s'approprie l'*air* qu'il respire... Mais cela ne s'opère-t-il pas dans la Communauté tout comme dans le système de la propriété individuelle? Et puis, dans tous les systèmes, chaque individu respire-t-il plus d'air qu'il ne lui est nécessaire? Accapare-t-il l'air en en privant les autres hommes? Comment peut-on tirer de l'*air* un argument en faveur de l'accaparement de la terre?

On s'approprie, dit-on, l'*espace* en marchant... Mais on ne s'approprie ainsi que l'espace qu'on occupe et non celui qu'on laisse vide et que d'autres peuvent occuper. Et chacun s'approprie l'espace dans la Communauté tout aussi bien que dans la propriété exclusive.

Le citoyen Lamartine dit que l'homme s'approprie le *sol* en le *cultivant*... Mais c'est là la question. Certainement il ne s'approprie pas le sol comme l'air qu'il fait entrer dans ses poumons; il ne s'incorpore pas le sol comme l'air; il n'emporte pas le sol en mourant; il ne devient pas propriétaire incommutable du sol en le cultivant, puisqu'un autre peut le lui ravir et se l'approprier de la même manière en le cultivant à son tour, et même sans le cultiver: car c'est une singulière illusion de parler d'appropriation par la culture, lorsque la propriété du sol, telle qu'elle est

Instituée, appartient généralement à ceux qui ne cultivent pas, à l'exclusion de ceux qui cultivent. Cette appropriation du sol en le cultivant, est un mensonge, l'antipode de la vérité. Si la culture réelle donne un droit sur quelque chose, ce ne peut être que sur les fruits qu'on a produits et qu'on s'approprie en les mangeant, et ce droit ne peut s'étendre ni sur le sol ni sur les fruits qui ne sont pas nécessaires, en en privant ceux qui n'en ont pas et qui en ont besoin pour conserver leur existence.

Quand le citoyen Lamartine dit que la propriété est l'organisation du principe de vie dans le monde, nous avouons que nous ne comprenons pas. Si cela signifie que la propriété est nécessaire à la vie, nous répondrons qu'il faut alors rendre tout le monde propriétaire pour que tout le monde puisse vivre. Nous ajouterons, que chacun vit dans la Communauté bien mieux encore que dans la propriété individuelle.

On affirme que la Communauté serait la *cessation du travail et la mort de l'humanité...* Mais comment est-il possible de hasarder une pareille affirmation? Comment est-elle justifiée? Il n'y a pas un travailleur qui puisse le croire. Au contraire, avec une bonne éducation, avec les machines multipliées à l'infini, avec le travail par tous dans l'intérêt de tous, le travail sera bien autrement agréable et aimé, et l'humanité, rendue plus riche et plus heureuse, sera bien autrement vivante; tandis que c'est aujourd'hui que le travail a cessé chez les propriétaires et les riches et que les travailleurs meurent souvent de faim et de misère.

Votre rêve, me dit le citoyen Lamartine, est TROP BEAU pour la terre. Il est donc *beau* et digne du Ciel! C'est donc une belle chose que ma doctrine Icarienne::: Et l'on me poursuit comme un brigand!!!

Mais si vous dites, citoyen que c'est un *rêve*, je vous réponds avec des milliers de voix que c'est une réalité. Et comme nous sommes pleins de foi pour chercher à réaliser ce que vous appelez ailleurs une inspiration divine, veuillez attendre pour affirmer, que nous ayons approfondi la question davantage.                    CABET.

# DIVERS (1).

*Au Communisme.*

**Citoyens,**

Je réclame en faveur de la liberté des toasts, qui est ici la liberté de conscience. Vous invoquez la démocratie, l'aristocratie, ou même la monarchie; vous êtes libres, comme nous le sommes, nous, d'invoquer le Communisme contre l'Individualisme, les deux grands principes uniques, absolus, qui se partagent le monde aujourd'hui. Nous élevons chacun notre étendard; nous y inscrivons notre symbole, et la raison publique jugera.

Avant-garde de l'esprit, sentinelles avancées du progrès humanitaire, les communistes impérissables planteront leur drapeau sur la terre de l'égalité absolue et vous crieront : « Réformistes, socialistes, enfants de Saint-Simon, apôtres de Fourier, généreuses phalanges, c'est là qu'il faut atteindre : tout ou rien en fait de principes !...»

Les hommes sont égaux. Devant ma raison, devant ma conscience, aucun n'est supérieur à moi, aucun n'est inférieur!

Citoyens, c'est le cœur gros du spectacle affligeant des erreurs et des souffrances humaines que nous venons en appeler ici à la justice et à la raison de tous. Eh quoi! ces immenses travaux de l'esprit humain, ce pollen de toutes les intelligences d'élite, avant, pendant et après l'école philosophique du XVIII<sup>e</sup> et du XIX<sup>e</sup> siècle, ces trésors de science et de progrès, amassés depuis si longtemps et avec tant de patience, tout cela devrait aboutir à rien, rien, rien!.... Oh! non, nous ne resterons pas ainsi dans les déchirements de l'incertitude, dans un marasme léthargique. ...Lazarre, lève-toi! et marche, marche, marche!...

—...Utopie, utopie!... — Oui, je comprends que celui qui est moelleusement assis, moelleusement couché, richement vêtu, crie *haro* au communisme et s'écrie : «Utopie!» Peu lui importe... — «Il faut des riches et des pauvres, dit-il. Cela a toujours été, et cela sera toujours...» Eh bien, moi, je vous réponds, à vous, cœur égoïste et insensible, homme indolent : «Non, il ne faut ni riches ni pauvres... Il faut des égaux, des égaux en bonheur; car nous devons

(1) Inspirés des principes que nous professons depuis dix ans, nous écrivions ces lignes le 20 février 1848, à l'occasion du mémorable Banquet du 12<sup>e</sup> arrondissement de Paris.

tous être heureux. C'est le vœu de la nature; elle nous y convie dans tous nos instincts... Non, l'amour du prochain, l'amour de ses semblables n'est pas une utopie. — Aimez-vous les uns les autres! a dit le Christ...»

Invoquons donc le Communisme, citoyens. Appelons de tous nos vœux à ce banquet fraternel, l'image des banquets futurs, le jour glorieux où tous les travailleurs pourront respirer un air pur, où tous viendront s'asseoir tous les jours, d'un commun accord, dans un embrassement universel, dans une sainte communion, communion égalitaire de labeurs, communion égalitaire de repos et de fêtes!...

Citoyens, je ne puis m'expliquer longtemps dans cette enceinte. Ce qui touche le cœur n'a pas besoin d'être exprimé. Ce qui est simple est grand. La plupart comprennent bien le Communisme; mais peu osent l'avouer. Ne craignez point d'annoncer la vérité ou ce que vous croyez l'être. Si vous êtes animé d'une conviction profonde, entrez dans le forum: faites votre profession de foi, et puisse votre voix être entendue du monde entier!...

—«Organisation égalitaire. Toute profession devient fonction, et tout travailleur devient fonctionnaire public. Égalité des conditions : un ministre n'a pas plus de droits dans la répartition des richesses sociales que le plus humble artisan : chacun est un rouage dans la grande machine humaine, et l'un est aussi indispensable que l'autre au mécanisme social. Égalité de devoirs, égalité de salaires. Production égalitaire, consommation *idem*.» Quand on aura atteint ce but, on sera arrivé à l'apogée du progrès social.

Apôtres infatigables de l'Égalité, ne désespérez jamais de l'avenir... Hier fut l'imprimerie, cette sublime conquête de l'intelligence, aujourd'hui la vapeur, demain le Communisme. Le Communisme! je travestirai ce mot du moderne César : «Il est comme le soleil; aveugle qui ne le voit pas!»

Communistes, vous triompherez!.. Vous triompherez, parce que vous avez laissé là le fusil pour la parole... vous triompherez, parce que la parole est une arme plus puissante que le glaive, et qu'au lieu de détruire et donner la mort, elle féconde et donne la vie...      E. LEFUEL.

---

*A l'Avenir.*

Messieurs,

Voulez-vous sincèrement les réformes? Voulez-vous sincèrement la justice? Voulez-vous sincèrement l'égalité?...

Si cela est, messieurs; si vous voulez consciencieusement le bien-être de tous... oh! alors, ayez confiance. Rappelez-vous que le peuple est là, qu'il a l'œil sur vous, et qu'il sait reconnaître ses amis...

Oui, l'immense majorité des citoyens, déshéritée, humiliée, haletante, est là, au repos, qui vous regarde... Elle attend.

Mais vous, messieurs, vous ne faillirez pas à votre mission. Vous comprendrez et vous direz avec moi, qu'il n'est pas juste que le grand nombre soit exploité par le petit nombre, qui s'attribue arbitrairement l'intelligence et la capacité, comme il se partage plus arbitrairement encore la fortune publique; qui accorde volontiers à la multitude, comme aux chevaux de ses écuries, le foin et le seigle nécessaires à sa subsistance, à la condition qu'elle mettra tout son génie, tous ses travaux en commun, pour satisfaire les moindres fantaisies d'un jour de ces heureux privilégiés!...

La conscience humaine ne se révolte-t-elle pas à l'idée de ces monstrueuses inégalités sociales qui choquent les regards, et auxquelles on est tellement habitué qu'on les trouve naturelles; à la pensée que ceux qui subissent les travaux les plus longs, les plus pénibles et les plus répugnants, ceux qui fournissent les impôts de tous genres auxquels ils sont asservis, sans compter l'impôt du sang et de la liberté, et celui de la pudeur, ignoble et avilissant tribut imposé par la misère à la fille du peuple abandonnée et sans ouvrage; que ceux-là, dis-je, se nourrissent des aliments les plus grossiers et mangent le pain le plus noir, tandis qu'on trie les meilleurs froments pour ceux-là mêmes qui sont exempts de toutes les charges sociales et qui ont le plus de loisirs!... Non, non; cela n'est pas équitable... — Mélangeons les farines : voilà la justice.

Quand je parle de l'avenir, c'est qu'en regardant autour de moi, chez tous les peuples et dans le monde entier, je comprends bien que l'humanité n'a pas dit son dernier mot, n'a pas accompli sa dernière œuvre... Voyez seulement le peuple d'Irlande! Qu'en ont-ils fait ces prétendus capables, cette poignée de capitalistes, percepteurs et détenteurs des revenus de ce riche pays?... Le sort des Irlandais attend tous les peuples livrés à l'industrialisme individuel, ce monstre insatiable.

Je nie la capacité de l'homme parvenu à la richesse par son commerce ou son industrie. Il n'en a eu qu'une, c'est celle du cumul, de l'avarice, de la rapacité, de l'acquisition exclusive : «A moi, tout à moi, rien qu'à moi. Que me font les autres : en dehors; je les repousse; je ne les connais pas... Chacun chez soi; chacun pour soi.» Tel est le monde;

tel est l'esprit du siècle; tel est le principe moral de l'homme d'argent.

Messieurs, je ne crois pas que l'humanité doit suivre constamment ces voies anti-sociales, antipathiques au bonheur de tous. Le monde est en travail... Le socialisme doit se révéler dans un nouvel Évangile, un nouveau Code, une nouvelle Charte, la charte de l'avenir humanitaire.

Quant à nous, hommes du peuple, c'est aux intelligences du siècle que nous en appelons, c'est aux hommes généreux et logiques, qui ne regardent pas l'égalité sociale comme un rêve, parce qu'ils ne la comprennent point ou ne veulent pas la comprendre; c'est à ceux qui nous diront : « L'égalité, toujours l'égalité, encore l'égalité, » c'est à ceux-là que nous prêterons nos bras... Nous serons là, toujours là, sur la brèche, jusqu'à ce que nous ayons conquis le droit social égalitaire sur la force aveugle et ennemie, droit que nous obtiendrons par la presse, cette puissance suprême, l'arme de l'intelligence divine.

A l'avenir, donc, citoyens ! Espérons dans le peuple, chez qui la probité s'est réfugiée, honteuse d'habiter les hauteurs, où l'on ne vit que de sophismes et de mensonges par lesquels on voudrait en imposer aux masses résignées, laborieuses et patientes... A l'avenir !.. car je vois poindre au loin, dans les ténèbres où nous nous agitons, une lueur qui va grandir et nous réchauffer bientôt de ses rayons vivifiants. Cette lueur, elle nous vient du foyer de lumière où trônent l'Egalité, la Fraternité et la Liberté, trinité sainte, œuvre sacrée de rémunération et de régénération sociales, semblable à un arbre vigoureux dont l'Egalité est le tronc, la Fraternité et la Liberté les branches.

Au socialisme organique, dont le secret est résumé dans cette formule éternelle et sacramentelle :

Egalité!... fraternité, liberté.

THÉOTIME, travailleur.

FIN.

[illegible library stamp]

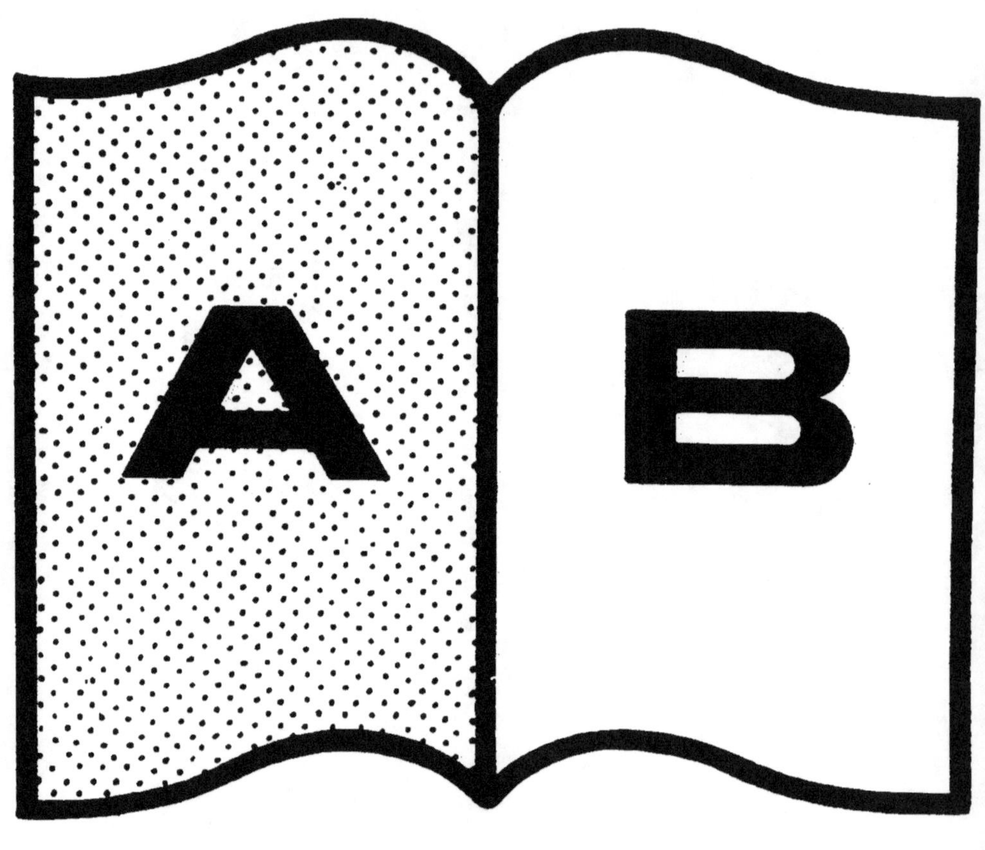


Contraste insuffisant

**NF Z** 43-120-14

www.ingramcontent.com/pod-product-compliance
Lightning Source LLC
Chambersburg PA
CBHW051328060726
47596CB00004B/1528